Chota Rousthavéli

POÈTE GÉORGIEN DU XIIe SIÈCLE

sa vie et son œuvre

PAR

J. MOURIER

TROISIÈME ÉDITION

BRUXELLES
IMPRIMERIE SCIENTIFIQUE
CHARLES BULENS, ÉDITEUR
75, Rue Terre-Neuve, 75

1910

 CHOTA ROUSTHAVÉLI

DU MÊME AUTEUR

Guide au Caucase, un vol. in-16 de 400 pages, avec 56 cartes, plans, etc. J. Maisonneuve, édit. *Paris, 1894.*

La Mingrélie, un vol. in-16 de 400 pages, avec 100 gravures et une carte en couleur. *Odessa, 1884.*

L'Armée géorgienne au moyen age, une brochure. *Tiflis, 1886.*

Contes et légendes du Caucase, un vol. in-18 raisin. J. Maisonneuve, édit. *Paris, 1888.*

La Bibliothèque d'Edchmiadzine et les manuscrits arméniens, album et notice in-8° avec une photographie et quatre lithographies. *Tiflis, 1886.*

Le Musée de Tiflis, une brochure. *Tiflis, 1886.*

L'Archéologie au Caucase, un vol. in-18. Ernest Leroux, édit. *Paris, 1887.*

Batoum et le bassin du Tchorok, un vol. in-18. *Paris, 1887.*

Histoire de Géorgie (Histoire ancienne), un vol. in-18. *Tiflis, 1888.*

Ivan Serguéiévitch Tourguéneff a Spasskoé, préface de Michel Stahowitch, un vol. de 164 pages, avec 74 gravures. Velten, édit. *Saint-Pétersbourg, 1899.*

L'Art au Caucase (deuxième édition), un vol. in-8° de 204 pages, avec 151 gravures et 63 phototypies. Charles Bulens, édit. *Bruxelles, 1907.*

Chota Rousthavéli

POÈTE GÉORGIEN DU XIIᵉ SIÈCLE

sa vie et son œuvre

PAR

J. MOURIER

TROISIÈME ÉDITION

BRUXELLES
IMPRIMERIE SCIENTIFIQUE
Charles Bulens, Éditeur
75, Rue Terre-Neuve, 75

1910

CHOTA ROUSTHAVÉLI
D'après un manuscrit géorgien du XVIIᵉ siècle
(Dessin du prince Gagarine)

CHOTA ROUSTHAVÉLI

POÈTE GÉORGIEN DU XIIᵉ SIÈCLE

SA VIE ET SON ŒUVRE

Que, dans un temps aussi âpre au gain que le nôtre, il se soit rencontré un Géorgien assez courageux pour consacrer de longs mois à la traduction en prose française d'un poème épique de son pays; qu'un riche négociant, Géorgien aussi, nouveau Mécène, ait mis à la disposition des littérateurs indigènes un capital de vingt-cinq mille francs pour couvrir les frais de leurs publications, c'est là un fait unique dans l'histoire littéraire du Caucase, et qui mérite qu'on s'en occupe.

J'ai eu l'honneur d'être chargé par M. Jonas Méounarguia de corriger le manuscrit en langue française de l'*Homme à la peau de tigre*. Il ne me parait pas indispensable, quoi qu'on en dise, de posséder, pour parler de cette œuvre, l'intelligence du texte original : les grandes idées, les grands sentiments, les passions vraies se manifestent à travers toutes les formes de langage et pénètrent les esprits; et, s'il est vrai que l'*Homme à la peau de tigre* soit un chef-d'œuvre en géorgien, j'ai pu et dû le comprendre en français.

Depuis des siècles, Rousthavéli est populaire, le fait est indiscutable. En russe, en polonais, en allemand, en français même, on en a déjà donné des extraits et traduit les meilleurs passages. Une édition de luxe, fruit du concours des plus fins lettrés géorgiens, avec un texte définitif, a été illustrée par Zichy et a paru il y a quatre ans. L'œuvre a donc vécu et vivra, et, à ce titre, la cause de l'auteur est gagnée.

Mais comment Rousthavéli a-t-il été amené à écrire ce long poème, dans quel esprit l'a-t-il conçu, dans quelles conditions l'a-t-il fait, quelle en est la valeur, quels en sont les qualités et les défauts, c'est ce que je voudrais essayer d'indiquer et de dire, avec tous les ménagements et tous les égards dus au poète favori des Géorgiens, mais avec toute la franchise d'un critique impartial.

I

Chota Rousthavéli naquit, croit-on, en 1172, près d'Akhaltzik, à Rousthavi, petit village pittoresquement situé sur les bords de la Koura, dont il ne reste plus aujourd'hui que quelques cabanes appartenant à deux paysans kurdes.

C'est là que s'écoulèrent les premières années de son enfance. Ses parents l'envoyèrent, en 1180 environ, à Grémi près Thélaw, en Kakhéthie, chez un certain Ortilichwili, homme instruit, qu'on dit n'avoir été que son ami, mais qui, je le suppose, se chargea de son éducation, et près duquel il passa sa jeunesse.

Il apprit là tout ce qu'on apprenait alors : l'équitation, le maniement des armes, la danse, le jeu de balle, l'élevage des faucons, la lecture, l'écriture, et il exerça sa mémoire par la récitation de l'Évangile.

L'élève studieux et intelligent dépassa-t-il bientôt son maître ou reconnut-on en lui des dispositions extraordinaires? Je ne sais; mais, vers 1192, Rousthavéli, qui avait alors 20 ans, fut envoyé à Athènes. Le voyage était long et coûteux. Il faut donc admettre ou que les parents de notre poète étaient riches, ou plutôt, si l'on en croit l'historien arménien Varthan, que Rousthavéli partit aux frais de l'État, avec les trente jeunes Géorgiens qui, tous les ans, étaient gratuitement transportés en Grèce pour y compléter leurs études.

C'est à Athènes qu'il se familiarisa avec les grands génies de l'antiquité, qu'il lut les philosophes, les historiens et qu'il les comprit. C'est là qu'il entendit pour la première fois des chants, de la musique;

c'est sous ce climat enchanteur, au bord d'une mer bleue, à l'ombre des poétiques et éloquentes ruines du passé, qu'il s'essaya, je suppose, à composer ses premiers vers; et c'est là, j'en suis certain, que solitaire et loin de sa patrie, il rêva déjà l'épopée qui devait l'immortaliser et qui n'attendait pour éclore que cette étincelle de l'amour, que devait faire jaillir de son cœur la plus célèbre des reines de Géorgie.

Après quelques années de séjour il revint au Caucase et fut reçu à la cour de Thamar. Etait-il déjà marié à cette époque, ou ne le fut-il que plus tard, avant ou après avoir été nommé trésorier de la reine? La curiosité est éveillée sur ce détail, qu'il serait intéressant de connaître. Ce qu'on croit, c'est qu'il épousa une femme qu'un Arabe rendit infidèle, et, après un éclat public il se sépara d'elle.

J'incline à penser que la courte et malheureuse union de Rousthavéli fut préparée en son absence par Ortilichwili ou sa famille, et eut lieu après son retour en Géorgie.

Selon la mode du temps, lorsqu'en revenant d'Athènes on n'entrait pas dans les ordres religieux, on se mariait avec une femme dont la noblesse et les alliances accueillaient favorablement le diplôme qui était souvent la seule fortune que l'étudiant eût à offrir.

Je m'imagine que Rousthavéli, jeune, beau, lettré, fonctionnaire de haut rang, assistant à cette longue série de victoires sur les Persans et les Turcs qui ont illustré surtout les premières années du règne de Thamar, témoin de cette renaissance artistique que j'ai essayé de montrer dans l'*Art au Caucase* (1), ébloui par le prestige que la Géorgie venait de reconquérir grâce à une femme, conçut pour sa souveraine un amour auquel il a été fidèle toute sa vie, amour qui l'a conduit, si l'on en croit la légende, au couvent de la Sainte-Croix à Jérusalem, où il s'est fait moine après la mort de la reine.

---

(1) J. MOURIER, *L'Art au Caucase*, un vol. in-8º de 204 pages avec 151 gravures et 63 phototypies. Charles Bulens, éditeur. Bruxelles, 1907.

Thamar l'a-t-elle aimé? J'en doute fort. Le seul portrait à peu près authentique qu'on ait d'elle, et qui est peint sur un des murs de l'église de Béthanie (1), est celui d'une femme de type géorgien assez pur, jolie, bien faite, aux yeux noirs, grands et sans expression, l'air peu intelligent et froid. La pose raide que lui a donnée l'artiste de l'école byzantine est d'une simplicité affectée; c'est l'image d'une femme sûre de sa beauté, mais qui paraît peu faite pour éprouver ou partager une passion en dehors des unions légales, et peu heureuses du reste, auxquelles le clergé l'a deux fois condamnée.

Le régime féodal du temps, les soucis de la politique, les idées superstitieuses qui lui ont fait élever tant d'églises et offrir tant d'images précieuses, devaient laisser à la reine Thamar peu de loisirs pour les distractions mondaines; sa réputation de beauté, l'adoration générale dont elle était l'objet avaient dû la placer dans son propre esprit bien au-dessus et bien loin de ses sujets; comment déchoir et s'abaisser

---

(1) A 25 verstes de Tiflis, et datant du XII° siècle, l'église de Béthanie, enfouie sous une épaisse végétation, est dans un lieu difficilement accessible. C'est le prince Gagarine et M. Grimm qui ont eu l'honneur de découvrir en 1851 les fresques qui décorent l'édifice.

La peinture murale la plus précieuse représente cinq portraits en pied de 3 mètres de haut : la reine Thamar, son père le roi Georges, son fils Georges Lacha, c'est-à-dire « le beau », saint Dimitri et saint Georges. Dans le pays où elle a glorieusement régné, la plupart des édifices qu'avait construits Thamar ont été anéantis, mais son souvenir a survécu à toutes les guerres et à tous les désastres. Le temps même lui a donné une plus vive auréole. D'âge en âge les peuplades de l'Asie occidentale se sont raconté tous ses éclatants exploits, et sa réelle histoire a été peu à peu transformée en une légende embellie par de poétiques fictions. La reine Thamar, c'est la Sémiramis du Caucase, c'est l'être privilégié auquel on attribue tout ce qui s'est fait de grand, de beau, d'utile pendant le cours de plusieurs générations. Les soldats géorgiens donnaient à cette noble femme le nom de *roi* comme les Hongrois à Marie-Thérèse.

Les peintures de Béthanie n'ont sans doute ni relief, ni correction de dessin, mais elles ont de l'intérêt historique parce qu'elles représentent les héros d'une ère glorieuse et qu'elles ont été peintes à une époque presque contemporaine où l'on ne pouvait se tromper sur la ressemblance et les costumes.

jusqu'à un *troubadour* qui était digne tout au plus d'accompagner sur le *tchangui* les strophes flatteuses

PEINTURE MURALE DE L'ÉGLISE DE BÉTHANIE (XIIᵉ SIÈCLE)

Saint Dimitri — Georges Lacha fils de Thamar — La reine Thamar — Le roi Georges père de Thamar — Saint Georges

Dessin du prince Gagarine.

qu'elle daignait écouter, les recevant comme le juste encens brûlé en son honneur?

Le nom de *troubadour* n'implique pas en Géorgie l'idée galante que nous y associons souvent, ni surtout le rôle de séducteurs que les *troubadours* et les *trouvères* ont joué au moyen âge. En Europe, la châtelaine charitable daignait donner son cœur au chanteur séduisant qui, l'aumônière au côté, la viole en bandoulière, arrivait au château, et, pendant que le seigneur guerroyait en pays lointain, faisait vite oublier à la noble dame, avec une *chanson de geste*, les longues soirées d'hiver passées tristement à filer la quenouille ou à jouer aux échecs avec ses damoiselles et ses pages.

Au Caucase, ceux qui ont chanté l'amour ne sont pas ceux qui ont été les plus aimés : les deux rôles sont bien distincts, l'on ne saurait les confondre. De nos jours même, ne voit-on pas un danseur, un musicien, un improvisateur, sorte de bohémien de la poésie, allant de ville en ville, de maison en maison, invité aux fêtes, bien accueilli partout, mais que jamais la dame du logis ne songerait à prendre pour amant?

Tel n'a-t-il pas été le sort de Rousthavéli?

Au contraire, Thamar a-t-elle fait une exception pour lui? Faut-il supposer que désillusionnée par deux mariages, bercée par cette poésie nouvelle et inconnue qui la divinisait presque, entraînée par la curiosité, le réveil des sens, les déclarations brûlantes et les séductions de l'amoureux, peut-être même touchée d'un sentiment de reconnaissance, elle ait aimé son poète et se soit donnée à lui?

La chose est possible, et le serait surtout, si l'on découvrait une coïncidence entre le moment où Rousthavéli reprit sa liberté en quittant sa femme, et l'époque qui suivit le divorce de la reine et précéda son mariage avec David. Alors cette fidélité et ce culte au souvenir de Thamar, qui sont un titre de gloire pour Rousthavéli, auraient peut-être été inspirés par quelque chose de plus que des paroles royales. Il n'est pas trop difficile de le supposer lorsqu'on se rappelle les mœurs et le tempérament des Géorgiens de ces temps éloignés. On ne saurait, en effet oublier les scandales qu'ont donnés leurs rois, reines, princes et princesses.

Vaut-il mieux croire à des amours purement platoniques, dont toute l'histoire du pays n'a jamais cité un seul exemple et que sa singularité même rendrait précieux ?

En l'absence de tout renseignement authentique et certain, il ne faut donc ni essayer de diminuer gratuitement le mérite de la reine en soupçonnant sa vertu, ni oublier qu'elle était femme ; il ne faut pas amoindrir le désintéressement du poète ni oublier cependant qu'il était homme. Ce doute que la critique moderne voudrait éclaircir, et qui planera certainement toujours sur le rôle mutuel de deux personnages passés à l'état légendaire, augmente la curiosité et l'intérêt pour l'œuvre, et donne libre carrière aux différentes interprétations dont tant de strophes, prêtant à des allusions plus ou moins transparentes, sont sans cesse l'objet.

Grâce à quelques vers de l'introduction, on a voulu voir dans Thinatine et Daredjane, les deux héroïnes du poème, la personnification de la passion de Rousthavéli. Le poète s'écrie, il est vrai : « ... Je souffre!... Pour les amoureux point de remède!... Qu'elle me guérisse ou qu'elle me tue!... Mon cœur amoureux bat la campagne!.. Souffrir davantage m'est impossible!... Qu'elle donne la joie à mon âme!... C'est elle qui est ma vie!... », etc. Mais il faut croire que ces vers ont été ajoutés plus tard, et on ne peut supposer que Rousthavéli ait osé les lire devant l'époux de Thamar, qui eût joué alors un assez triste rôle.

Reportons-nous par la pensée à sept cents ans en arrière ; représentons-nous cette cour brillante et toute d'étiquette du XIIe siècle, et figurons-nous Rousthavéli déclamant et chantant son poème. Est-il vraisemblable que celui qui, sans doute, n'était qu'un *aznaour*, ait été assez imprudent, même à un de ces festins homériques où les libations excusaient toutes les licences, pour avouer tout haut sa passion pour sa souveraine ? On oublie du reste le correctif qui se trouve quelques lignes plus bas : « Il faut que l'amoureux sache cacher à tous son secret, reste impénétrable et ne compromette pas son amour ! »

On a dit que le poème avait été dédié à Thamar. Mais dans l'avant-dernière strophe le poète dit : « J'ai mis ce récit en vers pour distraire David, patron des Géorgiens, et celle qui, comme un soleil, le couvre de son éclat ! » C'est peut-être une façon déguisée de dédicace? En ce sens, je trouve qu'on est trop disposé à prêter à Rousthavéli plus de sous-entendus, d'intentions fines, détournées qu'il n'en a.

Le mot « distraire », dira-t-on, est excès de modestie : n'est-ce pas au contraire l'expression naïve du simple prix qu'attachait à l'ouvrage l'intelligence des auditeurs ou des lecteurs du temps? Je serais porté à le croire.

Quoi qu'il en soit, que ce fût comme récompense de ses services, ou bien pour lui faciliter l'accès de la cour et l'anoblir, lui, d'assez basse naissance, ce qui est certain, c'est que Rousthavéli fut nommé trésorier de la reine. Il exerça cette charge jusqu'en 1212, et, inconsolable de la mort de Thamar, il quitta le Caucase pour aller mourir à Jérusalem.

Portrait apocryphe de Chota Rousthavéli
(Dessins et cartes postales modernes)

II

Il n'y a pas de manuscrit authentique de l'*Homme à la peau de tigre*. On sait qu'au XVIIIe siècle le catholicos Antoine fit rechercher tous ceux qui existaient et les fit jeter dans la Koura.

Celui que j'ai eu entre les mains date de l'année 1645; il est illustré de peintures persanes assez grossières, mais qui ne sont pas sans intérêt.

Le poème est écrit en vers héroïques; chaque vers a seize syllabes et est coupé en deux par la césure; chaque demi-vers contient trois mesures à $\frac{4}{4}$, avec un accent; chaque vers représente donc une phrase musicale de six mesures et à six accents. Par exemple, la formule de chaque vers de la première stance peut s'écrire ainsi :

$$\cup\underline{\stackrel{\shortmid}{\hphantom{x}}}\cup\,|\,\underline{\hphantom{x}}\cup\cup\,|\,\underline{\hphantom{x}}\stackrel{\shortmid}{\cup}\,\|\,\cup\underline{\stackrel{\shortmid}{\hphantom{x}}}\cup\,|\,\underline{\hphantom{x}}\cup\cup\,|\,\underline{\stackrel{\shortmid}{\hphantom{x}}}\cup$$

Celle du troisième et quatrième vers de la seconde stance est :

$$\underline{\stackrel{\shortmid}{\hphantom{x}}}\cup\cup\,|\,\underline{\stackrel{\shortmid}{\hphantom{x}}}\cup\cup\,|\,\underline{\stackrel{\shortmid}{\hphantom{x}}}\cup\,\|\,\cup\underline{\stackrel{\shortmid}{\hphantom{x}}}\cup\,|\,\underline{\stackrel{\shortmid}{\hphantom{x}}}\cup\cup\,|\,\underline{\stackrel{\shortmid}{\hphantom{x}}}\cup$$

$$\underline{\stackrel{\shortmid}{\hphantom{x}}}\cup\cup\,|\,\underline{\stackrel{\shortmid}{\hphantom{x}}}\cup\cup\,|\,\underline{\stackrel{\shortmid}{\hphantom{x}}}\cup\,\|\,\underline{\stackrel{\shortmid}{\hphantom{x}}}\cup\cup\,|\,\underline{\stackrel{\shortmid}{\hphantom{x}}}\cup\cup\,|\,\underline{\stackrel{\shortmid}{\hphantom{x}}}\cup$$

et celle du second vers de la cinquième est :

$$\underline{\hphantom{x}}\underline{\stackrel{\shortmid}{\hphantom{x}}}\,|\,\underline{\stackrel{\shortmid}{\hphantom{x}}}\cup\cup\,|\,\underline{\stackrel{\shortmid}{\hphantom{x}}}\cup\cup\,\|\,\underline{\stackrel{\shortmid}{\hphantom{x}}}\cup\cup\,|\,\underline{\stackrel{\shortmid}{\hphantom{x}}}\cup\cup\,|\,\underline{\stackrel{\shortmid}{\hphantom{x}}}\cup\,{}^1$$

Tous les vers d'une même stance se terminent par la même rime, de sorte qu'en les entendant lire à haute voix, comme les césures et les accents scandent mathématiquement le rythme, on se rend facilement compte de la tonalité et de la note musicale de cette poésie, quoique la même consonnance, revenant périodiquement à intervalles égaux, donne un peu de monotonie à l'harmonie générale.

L'*Homme à la peau de tigre* n'est ni une épopée naïve, ni une épopée nationale; c'est plutôt une sorte d'épopée romantique. Est-elle œuvre originale, due au génie de l'auteur, ou bien est-ce un pastiche de quelque poème oriental comme le *Visramiani* paru en géorgien antérieurement à l'œuvre de Rousthavéli ? La question ne serait pas douteuse, si l'on s'en rap-

---

[1] Н. И. Гулакъ. — Рѣчь о Барсовой Кожѣ Руставели. — Тифлисъ, 1885.

portait uniquement au poète qui avoue avoir tiré son sujet de la langue persane. Mais je ne fais pas à Rousthavéli l'injure de l'accuser d'avoir emprunté tout son poème. Il est probable que le cadre et les épisodes lui ont été fournis par un de ces contes ou récits anonymes familiers à la muse orientale ; mais je crois que c'est la Géorgie et que ce sont les Géorgiens et leurs mœurs qu'il a voulu décrire et peindre.

Avec ses vers rythmés sur une prosodie classique, sous sa forme inspirée par les littératures grecque et latine, dont le souvenir frais encore remplissait la mémoire de Rousthavéli, le poème géorgien se présente avec une certaine grandeur d'allure, une hardiesse originale, un éclat personnel, où l'on regrette de rencontrer un laisser-aller non exempt de faiblesses, de négligences et même de quelques trivialités.

Dans toute l'œuvre il y a, eu égard surtout à l'époque où elle a été écrite, des passages vraiment remarquables, une fécondité d'expressions extraordinaire et le cachet indiscutable d'une personnalité de grand talent. Mais combien se fait sentir l'éclosion douloureuse, le travail, l'effort ! Combien y est visible la disproportion étrange entre les moyens savamment mis en jeu pour produire des effets cherchés, et la pauvreté générale du fond ! La richesse d'un style fleuri, les retours périodiques de rimes sonores, l'emploi d'idiotismes, d'expressions neuves, de métaphores bizarres, une science inimitable des secrets de l'harmonie de la langue sont, sans doute, de grands mérites de forme ; mais à eux seuls consti-

Portrait apocryphe de la reine Thamar
(Dessins et cartes postales modernes)

tuent-ils une grande œuvre, suffisent-ils à sauver et à déguiser la banalité du sujet, la faiblesse de la donnée première, l'absence de caractères vrais, étudiés, fouillés avec soin et savamment mis en scène?

Un des grands défauts de l'*Homme à la peau de tigre*, c'est l'absence de progression dans les sentiments et l'ignorance absolue des gradations dans la marche des épisodes ; c'est cette lenteur dans l'action, retardée à chaque page, non par un incident nouveau, non par un tableau attrayant, mais par une collection d'idées générales, de lieux communs, qui coupent un dialogue ou le discours d'un personnage, n'ont que peu de rapport avec ce qui précède ou ce qui suit immédiatement, et ne sont souvent que des remplissages et des exigences de rime.

On cherche inutilement une peinture de la nature, un paysage, une description poétique des lieux où les scènes se passent. Et cependant, en Géorgie, que de sites ravissants ! Ce qui est fastidieux, ce sont toutes ces comparaisons à des soleils, des lunes, des plantes ; ces exagérations outrées, dans les louanges mutuelles que se prodiguent les héros, et surtout cette note larmoyante qui, dès les premières pages, accompagne chaque parole, chaque sentiment ou sensation des personnages, note que l'auteur, quelles que soient les péripéties, n'élève ni n'abaisse dans tout le cours du récit, trop fidèle à ce diapason monotone. Ce qui est encore énervant, c'est ce déluge éternel de pleurs, de larmes de sang dans lequel les héros et les héroïnes nagent et se noient ; d'où ils ne sortent un instant que pour s'y noyer encore ; c'est ce retour répété de la mort, suivie de résurrections intermittentes, mort qui est sans cesse sur les lèvres de gens qui ne meurent jamais!

Où est dans tout cela le coup d'aile d'un grand poète? Où est l'élévation d'un véritable penseur, burinant une grande idée en traits ineffaçables, idéalisant les passions humaines?

On a beau me dire que pour apprécier les beautés de ce poème il faut le lire dans l'original ; s'il avait le vol du génie, j'en sentirais le souffle même à travers une traduction.

Y a-t-il en revanche quelques leçons de morale ? Hélas ! je n'en vois pas, si l'on en excepte l'amitié à laquelle Rousthavéli me paraît tout sacrifier, et qui me semble être le sentiment qu'il a voulu célébrer dans ses vers. Mais est-ce vraiment savoir peindre l'amour que se borner à de froides maximes et en faire le mobile de la misanthropie et presque du suicide moral et physique du principal personnage ?

J'accetpe le côté plus ou moins héroïque de l'œuvre et les hauts faits fantastiques qu'accomplissent les acteurs. Etant donné un sujet en somme peu dramatique et d'un intérêt médiocre, Rousthavéli en a tiré tout le parti possible. Ce ne sont que palais dorés, contrées merveilleuses parcourues sur des coursiers infatigables, millions remués à la pelle, milliers d'ennemis immolés par un seul homme, etc., le genre est connu.

Au premier plan s'agite le héros principal, Thariel, amoureux presque fou, qui a pour partenaire Nestane Daredjane, amante énergique, sensuelle, dissimulée, cruelle même, dont les tirades ont la prétention d'être des déclarations et pour laquelle on n'éprouve que peu de sympathie.

Au second plan, un autre couple complète le quatuor : Avthandil, homme froid, aussi rusé que courageux, aussi amoureux qu'infidèle ; Thinatine, météore qui apparait à la première scène et s'éclipse jusqu'à la fin du roman.

Enfin, comme hors d'œuvre, Fathmane, femme légère, adultère, maîtresse d'Avthandil et protectrice de Nestane.

Ces amoureux se quittent, se retrouvent, se perdent, se rejoignent encore, dans des cavernes, des forteresses, etc., mais ils échangent, au milieu de leurs régulières séparations, une ou deux lettres qui sont certainement les perles du poème.

Nous trouvons encore des rois rusés et de piètre mine, des vizirs aussi plats que complimenteurs, des esclaves aussi complaisants que philosophes, etc.; mais tout cela fait-il vraiment une grande œuvre ? Ne peut-on pas se demander ce que le chef-d'œuvre géorgien a pu gagner à subir le martyre d'une traduction en langue française, certainement impuissante à rendre le style fleuri et sentencieux, l'harmonie, les métaphores, les hyperboles que la poésie orientale prodigue, en cachant ainsi sous des périphrases le vide des idées, mais que notre idiome clair, concis et naturel a le rare mérite de savoir répudier.

Avant de l'avoir lu, je me représentais volontiers Rousthavéli comme une sorte de divinité dont le culte mystérieux s'imposait à tous, comme le seul être privilégié pour lequel la muse géorgienne avait un jour fait vibrer toutes les cordes d'une lyre, depuis à jamais brisée dans le suprême effort d'une inspiration sublime !

En voulant faire connaître l'*Homme à la peau de tigre* à la France, M. Jonas Méounarguia rendra-t-il service au poète? N'eût-il pas été plus prudent de laisser flotter autour de l'œuvre cette admiration unanime, pieuse et confiante, qui se léguait de génération en génération? N'était-elle pas meilleure pour Rousthavéli, cette auréole de gloire vaporeuse, cette poétique et discrète couronne géorgienne, devant laquelle les profanes et les étrangers s'inclinaient?... L'avenir le dira.

IMPRIMERIE SCIENTIFIQUE
CHARLES BULENS, ÉDITEUR
RUE TERRE-NEUVE, 75, BRUXELLES

www.ingramcontent.com/pod-product-compliance
Lightning Source LLC
Chambersburg PA
CBHW060916050426

42453CB00010B/1752